¡Manos al corazón!

Miriam Hidalgo Cabanillas

Círculo Rojo
EDITORIAL

Primera edición: junio 2019
Segunda edición: octubre 2019
Tercera edición: mayo 2020
Cuarta edición: agosto 2022

ISBN: 979-13-7035-149-6
Impresión y encuadernación: Editorial Círculo Rojo

© Del texto: Miriam Hidalgo Cabanillas
© Maquetación y diseño: Equipo de Editorial Círculo Rojo
© Ilustraciones de interior y cubierta: Virginia González Ilustración

Editorial Círculo Rojo

www.editorialcirculorojo.com

info@editorialcirculorojo.com

Impreso en España - Printed in Spain

El papel utilizado para imprimir este libro es 100% libre de cloro y, por tanto, ecológico.

Este cuento pertenece a:

SENTIR

1-1-2

CORAZÓN

OIR

VER

SALVAR

RCP

VIDAS

INCONSCIENTE

EMERGENCIA

PRIMEROS
AUXILIOS

RESPIRA

PARADA
CARDIACA

POSICIÓN
LATERAL

MANOS

SUPERHÉROES

Bruno y Abril estaban en clase con todos sus compañeros, la profesora les había pedido que trajesen unos muñecos porque hoy tendrían una clase diferente: la mamá de Jimena, que es enfermera, iba a enseñarles algunas técnicas de primeros auxilios para poder salvar la vida de las personas y poder convertirse en pequeños superhéroes.

En el taller aprendieron distintas cosas como que hay que llamar al 1-1-2 si hay una emergencia y seguir todos los pasos que nos dicen, qué hacer si una persona está inconsciente, o cómo actuar si un compañero se atraganta.

Todos los niños se lo pasaron genial en aquella clase, quedaron muy contentos con el taller. Cuando Abril llegó a casa empezó a explicar a sus papás todo lo que había aprendido: «Papá, ¿sabes dónde hay que llamar si hay una emergencia? Mamá, ¿sabes cómo reconocer si una persona está inconsciente?»...

La mamá y el papá de Abril no entendían muchas de las cosas que ella les explicaba y tampoco creían que unos niños tan pequeños pudiesen aprender todos aquellos conocimientos y menos aún que supiesen hacer algo si se encontraban con alguna emergencia, pero...

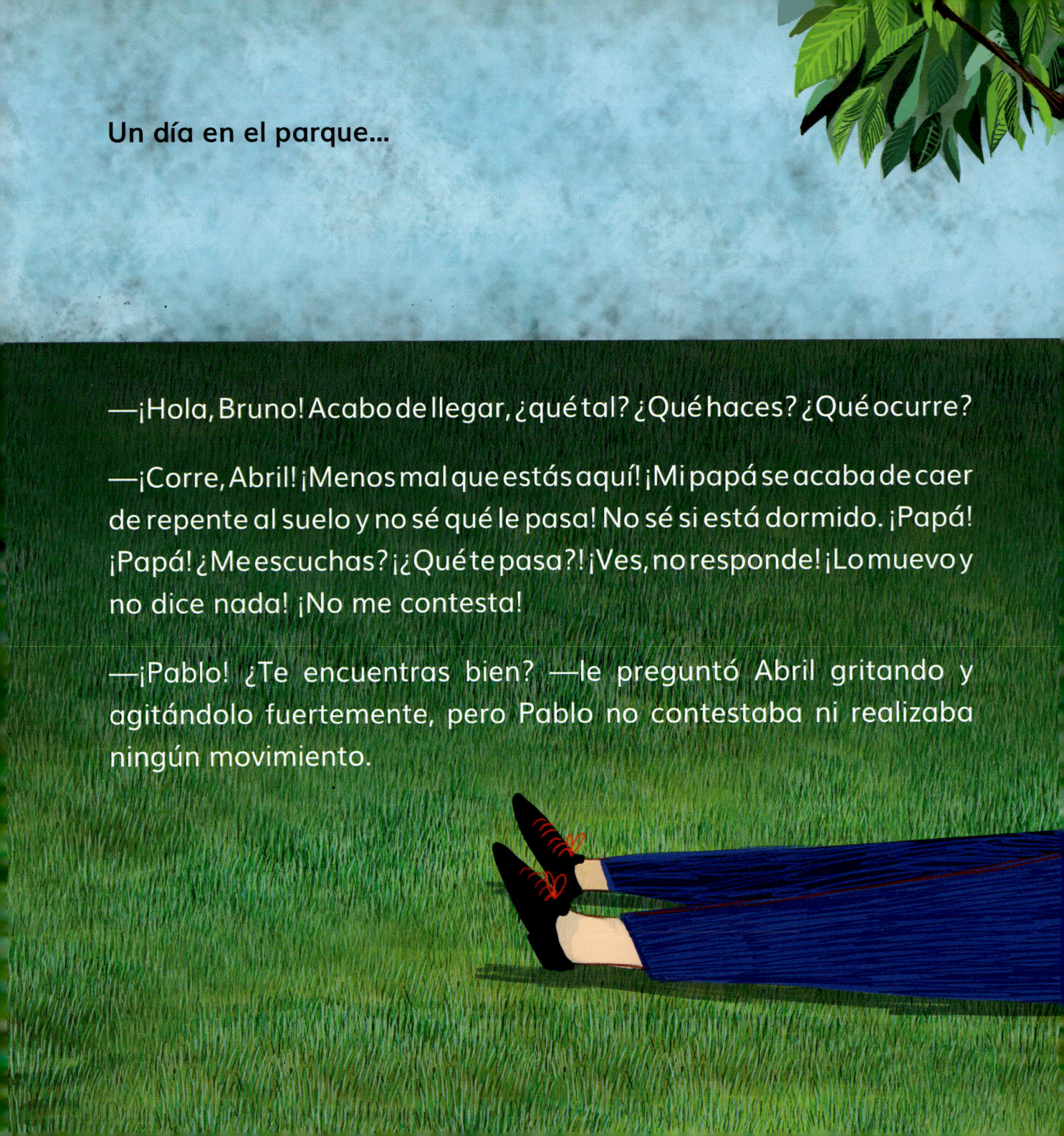

Un día en el parque...

—¡Hola, Bruno! Acabo de llegar, ¿qué tal? ¿Qué haces? ¿Qué ocurre?

—¡Corre, Abril! ¡Menos mal que estás aquí! ¡Mi papá se acaba de caer de repente al suelo y no sé qué le pasa! No sé si está dormido. ¡Papá! ¡Papá! ¿Me escuchas? ¡¿Qué te pasa?! ¡Ves, no responde! ¡Lo muevo y no dice nada! ¡No me contesta!

—¡Pablo! ¿Te encuentras bien? —le preguntó Abril gritando y agitándolo fuertemente, pero Pablo no contestaba ni realizaba ningún movimiento.

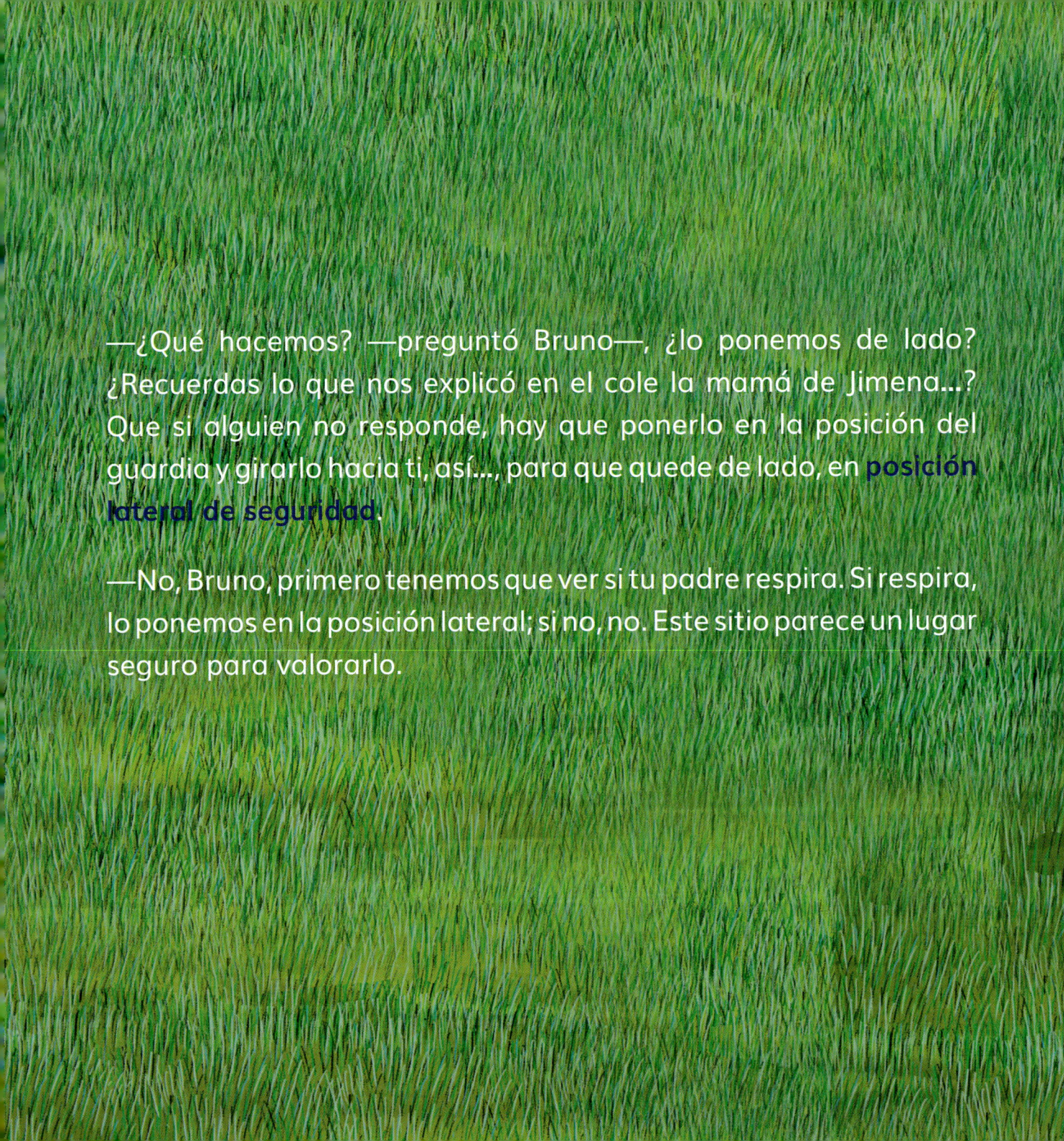

—¿Qué hacemos? —preguntó Bruno—, ¿lo ponemos de lado? ¿Recuerdas lo que nos explicó en el cole la mamá de Jimena...? Que si alguien no responde, hay que ponerlo en la posición del guardia y girarlo hacia ti, así..., para que quede de lado, en **posición lateral de seguridad**.

—No, Bruno, primero tenemos que ver si tu padre respira. Si respira, lo ponemos en la posición lateral; si no, no. Este sitio parece un lugar seguro para valorarlo.

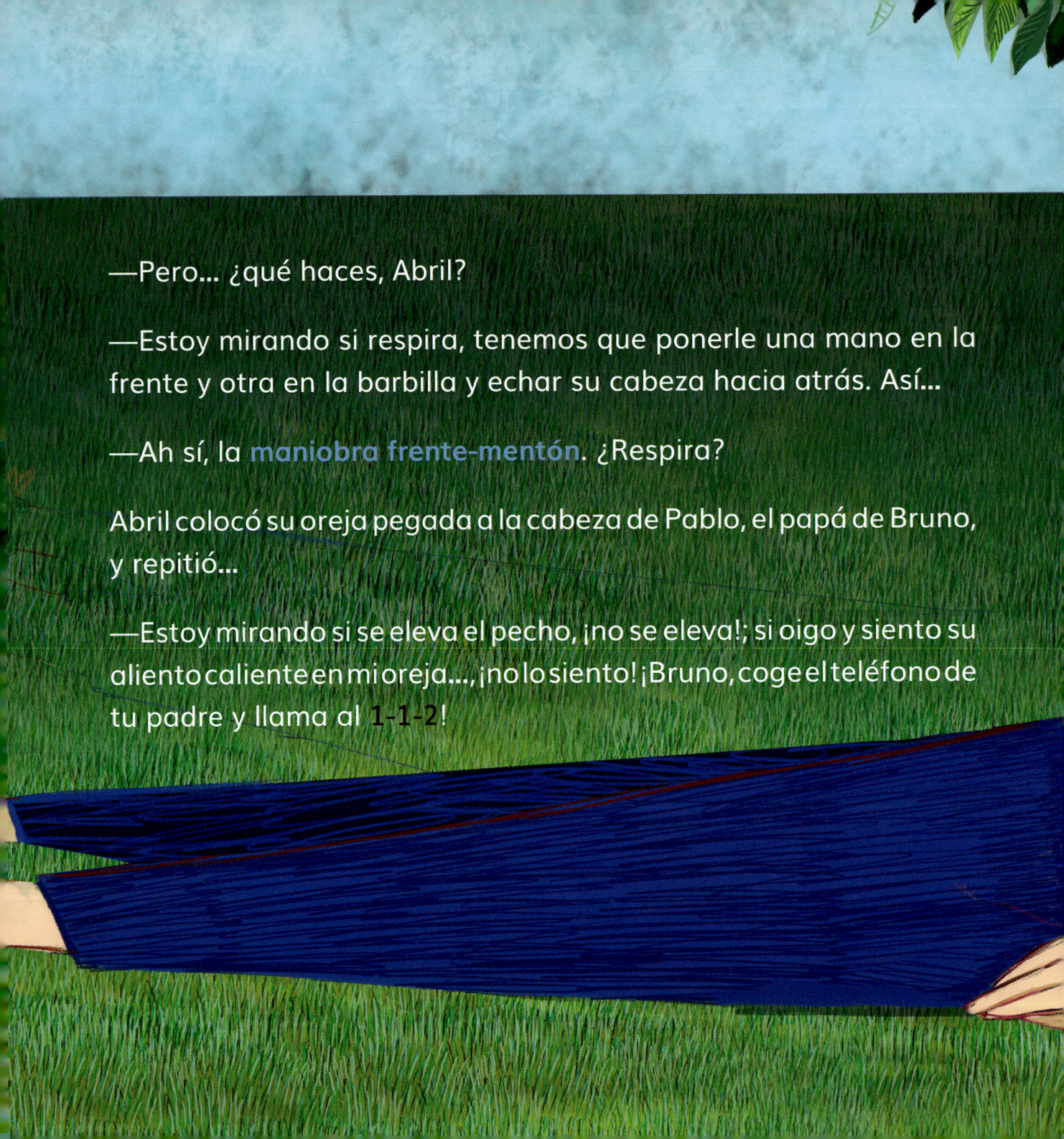

—Pero... ¿qué haces, Abril?

—Estoy mirando si respira, tenemos que ponerle una mano en la frente y otra en la barbilla y echar su cabeza hacia atrás. Así...

—Ah sí, la maniobra frente-mentón. ¿Respira?

Abril colocó su oreja pegada a la cabeza de Pablo, el papá de Bruno, y repitió...

—Estoy mirando si se eleva el pecho, ¡no se eleva!; si oigo y siento su aliento caliente en mi oreja..., ¡no lo siento! ¡Bruno, coge el teléfono de tu padre y llama al 1-1-2!

—¿Cómo? ¿1-1...?

—**1-1-2**. ¡Rápido! Es el teléfono de emergencias, hay que pedir ayuda para que venga la ambulancia y ayude a tu papá.

—¿Y qué les digo?

—¡Pues que tu padre se ha caído de repente, que no nos responde y que no respira! Diles que nos encontramos junto a los columpios en el Parque de los Colores, en Villa Serena. Responde a todo lo que te pregunten y no cuelgues. Bruno, ¿recuerdas lo que nos contaron del corazón?

»El corazón es un músculo con vasos sanguíneos que entran y salen de él. La función del corazón es bombear la sangre a todo el cuerpo para que llegue a todas las células. La sangre recoge oxígeno cuando pasa por los pulmones y va hasta el corazón para ser impulsada a todos lados. Nuestro cuerpo necesita siempre de sangre para funcionar como es debido. Para que una persona se mantenga viva necesita células sanas y vivas. Sin oxígeno, esas células se morirían. Si la sangre rica en oxígeno no circula bien, la persona se podría morir.

»Si tu papá no respira, no habrá oxígeno y el corazón se parará. ¡Bruno, manos al corazón!

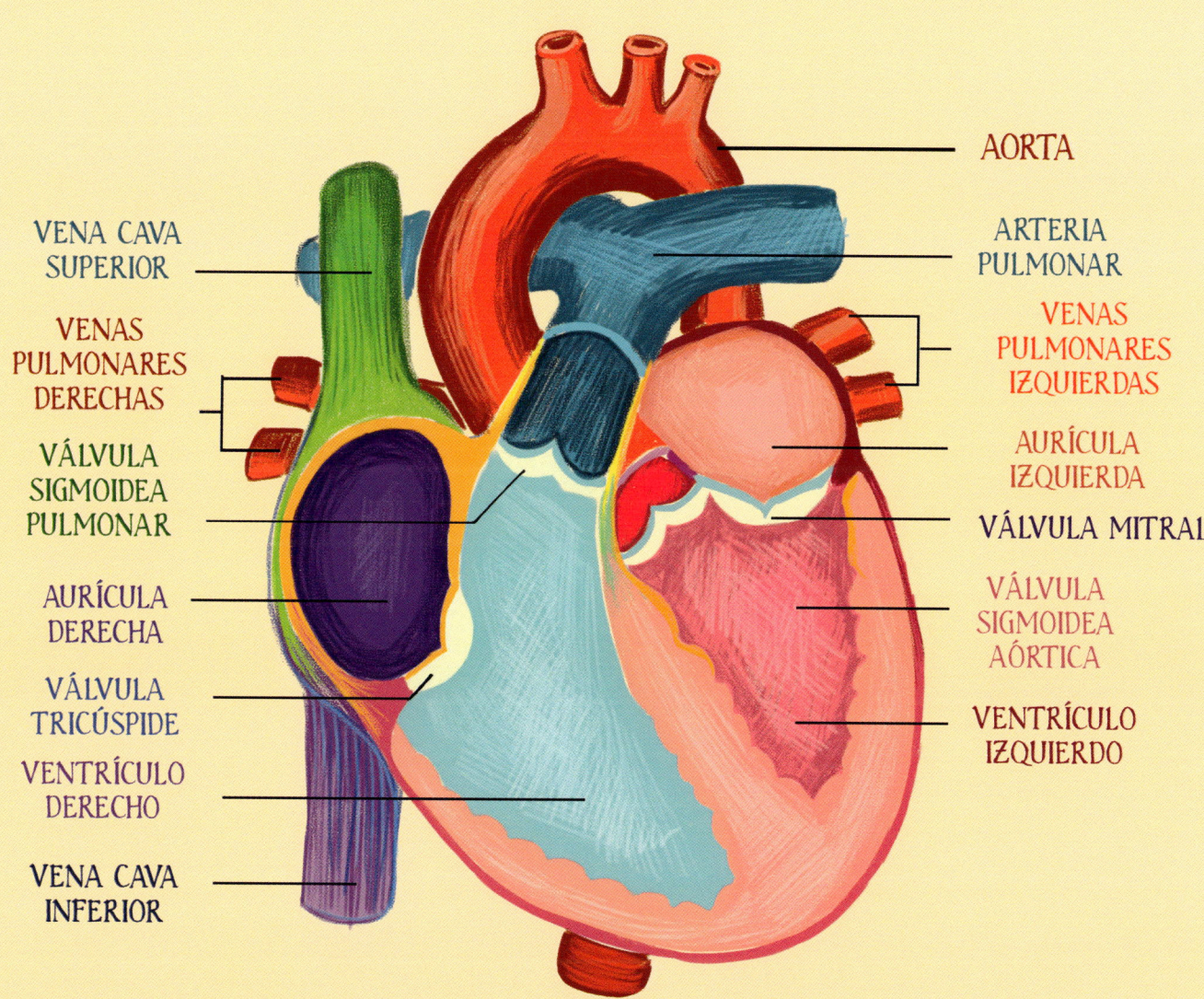

VENA CAVA
SUPERIOR

VENAS
PULMONARES
DERECHAS

VÁLVULA
SIGMOIDEA
PULMONAR

AURÍCULA
DERECHA

VÁLVULA
TRICÚSPIDE

VENTRÍCULO
DERECHO

VENA CAVA
INFERIOR

AORTA

ARTERIA
PULMONAR

VENAS
PULMONARES
IZQUIERDAS

AURÍCULA
IZQUIERDA

VÁLVULA MITRAL

VÁLVULA
SIGMOIDEA
AÓRTICA

VENTRÍCULO
IZQUIERDO

—Pero... ¿qué haces? —preguntó Bruno.

—Pues voy a mover su corazón con ayuda de mis manos hasta que llegue la ambulancia, así la sangre de su cuerpo se seguirá moviendo y el oxígeno que hay llegará a las células. Mira, fíjate cómo lo hago por si necesito tu ayuda.

«A ver... entrelazo los dedos, brazos rectos, manos en el centro del pecho, echo el cuerpo hacia adelante...», recuerda Abril.

Bruno y Abril siguiendo comprimiendo el corazón de Pablo hasta que llegó la ambulancia.

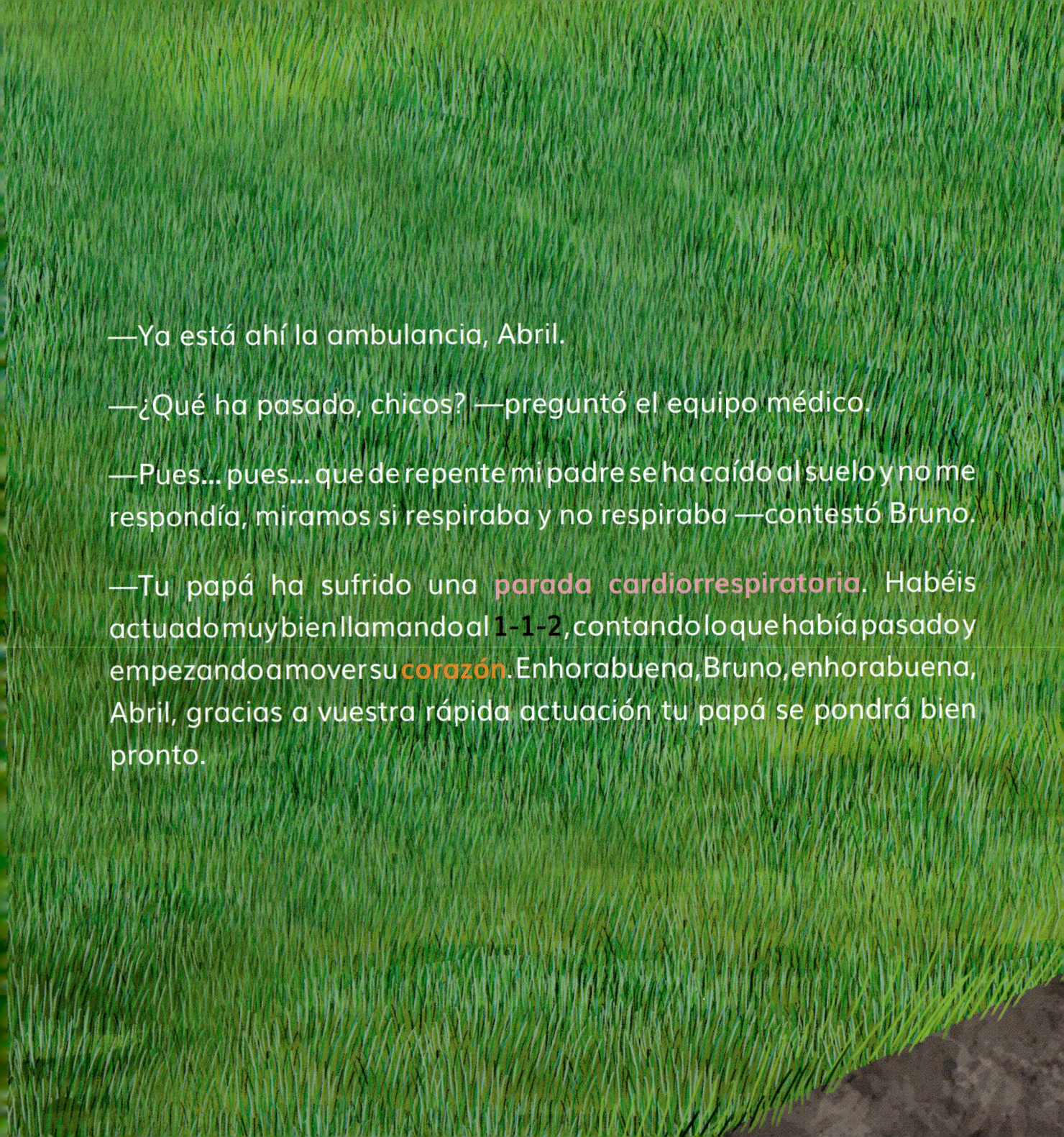

—Ya está ahí la ambulancia, Abril.

—¿Qué ha pasado, chicos? —preguntó el equipo médico.

—Pues... pues... que de repente mi padre se ha caído al suelo y no me respondía, miramos si respiraba y no respiraba —contestó Bruno.

—Tu papá ha sufrido una parada cardiorrespiratoria. Habéis actuado muy bien llamando al 1-1-2, contando lo que había pasado y empezando a mover su corazón. Enhorabuena, Bruno, enhorabuena, Abril, gracias a vuestra rápida actuación tu papá se pondrá bien pronto.

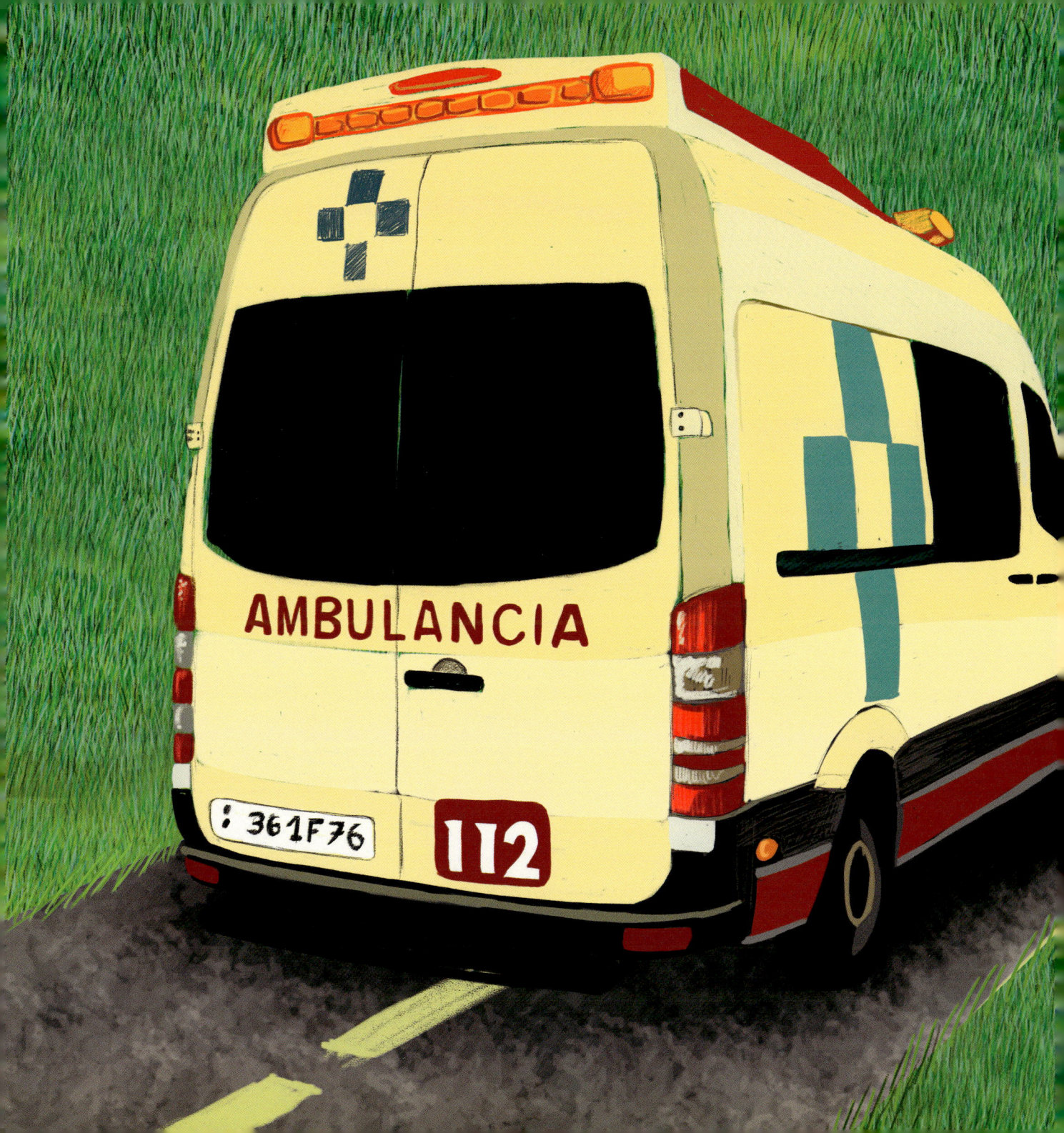

Unos días más tarde...

Bruno y Abril estaban con sus compañeros comiendo en el comedor, hoy tenían para comer huevos fritos con patatas. A Bruno le encanta mojar el pan en la yema del huevo. De repente, empezó a toser.

—Cof, cof, cof. ¡No puedo tragar! Cof, cof, cof. ¡No puedo tragar! Tengo algo aquí en la garganta.

Abril, que estaba a su lado, se sobresaltó al escuchar la tos de su amigo.

—¿Qué ocurre, Bruno?, ¿qué pasa?, ¿te tragaste algo?

— Cof, cof, cof. ¡Tengo algo! Cof, cof, cof.

«A ver... ¿qué nos dijo la mamá de Jimena que teníamos que hacer? —piensa Abril—. Ah, sí, ya recuerdo... Cuando una persona tosía, aunque le costase hablar y respirar..., significaba que tenía una **obstrucción incompleta de la vía aérea** y teníamos que... ¡seguir animándole a toser!».

—¡Bruno, tose! ¡Tose fuerte! ¡Venga, vamos, tú puedes! ¡Lo estás haciendo genial!

Pero Bruno no podía toser más, su cara empezaba a tomar un color más oscuro y se llevaba las manos a la garganta emitiendo unos ruidos extraños.

Abril se dio cuenta de que su amigo estaba peor: **la vía aérea estaba obstruida por completo** y debía hacer algo. Entonces recordó...

«Bruno está despierto, está consciente, así que tengo que darle cinco golpes en la espalda inclinándolo levemente hacia adelante y después cinco compresiones abdominales ¡abrazándolo por la espalda!, que era la maniobra de Heimlich. Golpes en la espalda, 1, 2, 3, 4, 5, compresiones abdominales, lo abrazo por detrás, coloco las manos así y empujo hacia dentro y hacia arriba donde se unen las costillas. 1, 2, 3, 4...».

Y de repente, *¡zas!*, un trozo de pan salió disparado desde la garganta de Bruno.

—Muy bien, Bruno, tranquilo, ya pasó, ya puedes respirar.

—Gracias, Abril. Cuánto aprendiste de los primeros auxilios que nos enseñó la enfermera del colegio.

Hemos aprendido...

—Que cuando una persona está **inconsciente**, no se mueve, no habla y no responde aunque lo llamemos, movamos o agitemos.

—Que cuando hay una emergencia y seguir todos los pasos que nos dicen, para que los sanitarios vengan pronto a ayudarnos, y que cuando hablemos con los operadores tenemos que dar la dirección de donde nos encontramos, por eso debemos aprender bien la dirección de casa, y que debemos contestar a todas las preguntas, seguir sus indicaciones y nunca colgar el teléfono.

—Que para ver si una persona respira o no tenemos que ver, oír y sentir realizando la maniobra frente-mentón.

—Que cuando una persona está inconsciente y respira pero está boca arriba se puede ahogar porque la lengua cae y tapa la vía aérea y que la forma de que esto no ocurra es cambiándolo de posición en **posición lateral de seguridad**, así también evitamos que se atragante si vomita.

—Que cuando una persona está inconsciente y no respira puede haber sufrido una parada cardiorrespiratoria, es decir, su corazón está como parado, no bombea bien la sangre y la persona podría morir en unos diez minutos a menos que le ayudáramos a mover su corazón con nuestras manos hasta que llegue la ambulancia, por eso debíamos realizar unas 100 compresiones torácicas por minuto sin parar.

—Que cuando una persona se **atraganta** y es capaz de toser, no se le deben dar golpes en la espalda, puesto que la tos es el mecanismo más eficaz para eliminar un cuerpo extraño y hay que seguir animándolo a toser; y si empeora y no es capaz de toser, intercalaremos cinco golpes en la espalda con cinco compresiones abdominales.

Glosario de términos

1-1-2: número de emergencias.

Maniobra frente-mentón: maniobra que se realiza para apertura de la vía aérea. Consiste en colocar a la víctima en decúbito supino y apoyar una mano sobre la frente para echar la cabeza hacia atrás y así extender el cuello y, con los dedos índice y corazón de la otra mano, elevar el mentón.

Obstrucción completa vía aérea: la víctima no puede hablar, es incapaz de toser, no puede respirar. Se pondrá de color azulado y en pocos minutos puede perder la conciencia.

Obstrucción incompleta vía aérea: la víctima puede hablar, tose insistentemente y respira con dificultad.

Parada cardiorrespiratoria (PCR): cese brusco de las funciones respiratorias y circulatorias.

Posición lateral de seguridad: pondremos a una persona en esta posición cuando esté inconsciente y respirando normalmente. Es una posición estable que mantiene abierta la vía aérea y evita la aspiración (paso de vómito al pulmón) si una persona vomita.

Reanimación cardiopulmonar (RCP) básica: es el conjunto de maniobras que realizamos para suplir la función cardíaca y respiratoria de una persona que está en parada cardiorrespiratoria. Fundamentalmente son las compresiones torácicas externas y las ventilaciones boca a boca. (En el cuento solo hacemos referencia a las compresiones cardíacas puesto que las recomendaciones actuales nos indican que si no tenemos nociones básicas previas, es muy difícil hacer unas insuflaciones de forma correcta. Guías RCP 2021 CERCP/ERC/AHA).

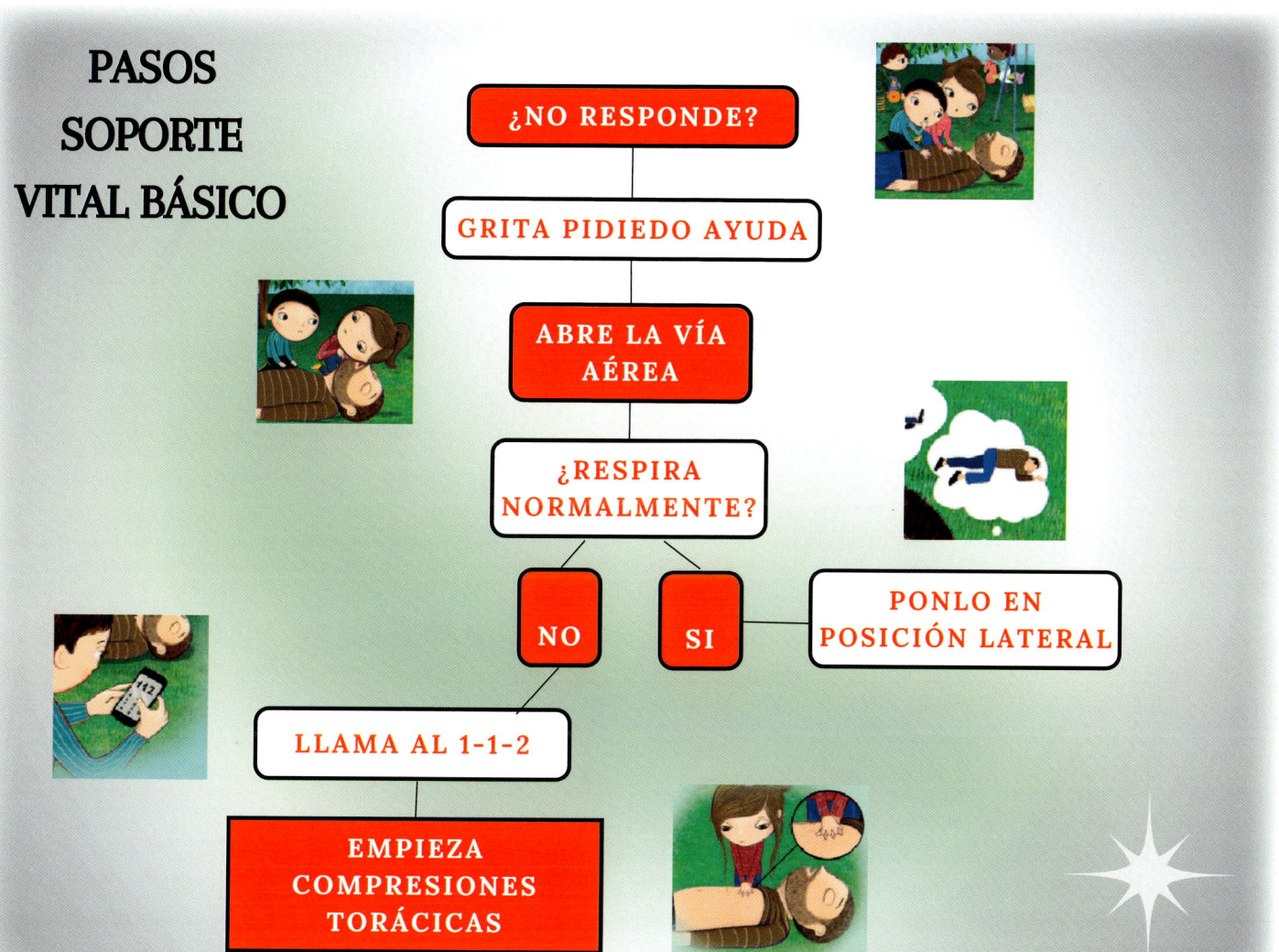

PASOS
SOPORTE
VITAL BÁSICO

¿NO RESPONDE?

GRITA PIDIEDO AYUDA

ABRE LA VÍA AÉREA

¿RESPIRA NORMALMENTE?

NO

SI

PONLO EN POSICIÓN LATERAL

LLAMA AL 1-1-2

EMPIEZA COMPRESIONES TORÁCICAS

Biografía

Nací en Esparragosa de Lares (Badajoz). Desde pequeña supe que quería dedicarme al mundo sanitario. Fue entonces cuando llegado el momento decidí estudiar Enfermería. Me siento muy orgullosa de mi profesión. Entre las diversas funciones que realizamos, aunque la más conocida es la asistencial; está la función docente. Soy Instructora en Soporte Vital. Me apasiona la enseñanza de primeros auxilios. Creo que la formación en esta materia es fundamental para toda la población por ello debería enseñarse desde niños. Cree este cuento con el fin de iniciar la enseñanza en los niños e indirectamente llegar a los adultos. En 2021 publiqué mi segundo libro ¿Dónde están mis sentidos? Y en 2022 el tercero: ¡MIS HÉROES DEL 21!

 Manos al Corazón

 manos.al.corazón